Tom de Toys

N E U R O - S M O G

ABGRUNDTIEFE WELTROUTINE

43 x Poplyrik 2011 – 2015

Hrsg. G&GN-Institut
© POEMiE™ @ G-GN.de

DER AUTOR *(www.TomDeToys.de)*

Tom de Toys wurde am 24.1.1968 in Jülich geboren. Bekannt wurde er in den 90er Jahren des 20.Jahrhunderts als Bildender Künstler und Lyrikperformer in Köln. Seine **Direkte Dichtung** beschreibt nicht nur ekstatische Erkenntnisse im "stinkparanormalen" Zustand totaler Gegenwart, sondern auch radikal-schonungslose Analysen der Weltlage aus seelischer Sicht. Nach 14 Jahren Berlin lebt er seit 2012 in Düsseldorf (Eller Süd), wo er zum Rheintaxi-Chauffeur und Betreuungsassistent (Alltagsbegleiter) ausgebildet wurde.

DAS BUCH "NEUROSMOG" *(www.Neurogermanistik.de)*

Parallel zu der transreligiösen Lyrik entstanden im Laufe der Jahre immer wieder gesellschaftskritische, politische und szenekritisch-metapoetologische Gedichte, angefangen beim Slamgedicht "INFLATION" von 1993 und dem SocialBeat-Gedicht "LANGEWEILE" von 1994. Aufgrund seiner spirituellen Hauptbeschäftigung mit den sogenannten letzten Fragen nach Gott, Sinn und Identität ist diese Politlyrik und Alltagslyrik von einer existenziellen Kritik am gesamten Zivilisationsprozess geprägt, der sich aus Sicht des Autors fast vollständig auf eine *"ABGRUNDTIEFE WELTROUTINE"* beschränkt, durch die sich der Mensch zur Maschine degradiert und seine Seele durch die Ablenkung von der Seinsfühlung unter Vollnarkose steht.

ORIGINALAUSGABE 2018

9 783752 834888

© Herstellung und Verlag: BoD –
Books on Demand, Norderstedt

"Um diesen 'Standard' aufrechtzuerhalten, sind die meisten von uns bereit, ein Leben hinzunehmen, das vorwiegend darin besteht, mit langweiligen Betätigungen genügend Mittel zu erwerben, um in der Zwischenzeit hektischen und teuren Vergnügen nachzugehen, die vorübergehende Erleichterung der Langeweile mit sich bringen. Diese Unterbrechungen hält man für das richtige Leben, für den eigentlichen Zweck, dem das notwendige Übel der Arbeit dient."

Alan Watts, in:
WEISHEIT DES UNGESICHERTEN LEBENS (1951)

"Erst die banale Erkenntnis dieser scheinparadoxen Identität von Sein und Nichts aufgrund der Unendlichkeit befreit das Ich von seinem kleinkarierten Denken in begrenzten (Gedanken-)Objekten. Jetzt wird die Welt MITSAMT IHRER SELBSTWAHRNEHMUNG durch Dich in Deiner Wahrnehmung absolut echt, ebenso echt wie die Wahrnehmung selbst. Das Bewusstsein IST die Welt. Es gibt keine Wahrnehmung ohne Welt. Es ist die Welt, die sich selber wahrnimmt!"

Pier, Pia, Paul Zellin (Liga der Leeren), in: m...OM...ent ,
Das Leben nach dem spirituellen Burnout (2018)

I N H A L T

(Orthografische Eigenwilligkeiten sind beabsichtigt.
Die Rechtschreibreform bleibt teilweise unbeachtet.)

22) **23.6.2013:** LIEBESERKLÄRUNG AN DAS ECHTE LEBEN

23) **26.7.2013:** ELLER ENDZEITEREIGNIS (E³)

24) **18.8.2013:** MONSTERSONNE

25) **30.8.2013:** SPIRITUELLER SPAZIERGANG

26) **6.9.2013:** BEINHARTES GESTÄNDNIS
(DIE NEUE NEUIGKEIT)

27) **8.9.2013:** BRECHT FLÜSTERT BRENTANO DIESEN
DRECKIGEN KINDERREIM INS RECHTE (ODER LINKE) OHR:
"PASTIOR / PASST / PLÖTZLICH / INS OHR"

28) **21.9.2013:** KLAMMER NICHT !
(HOMMAGE AN HEIßE QU[E/A]LLEN)

29) **23.9.2013:** FALSCHER FRÜHLING
(LEGENDE VOM PLÖTZLICHEN PARADIES)

30) **24.9.2013:** BEKANNTE BEGEISTERN BEKANNTE...
(WER AKTUALISIERT ZULETZT WEN?)

31) **4.11.2013:** FRIS-UR-POESIE

32) **16.12.2013:** ARBEITSTEILUNG

33) **19.12.2013:** HYMNE AUF DIE BÜROKRATIE

34) **29./30.1.2014:** DÜSSELDORFER ELEGIE

35) **17.2.2014:** PROFILNEUROTISCHE POESIE
(ÜBER DEN AUSGEPRÄGTEN STIL)

36) **27.2.2014:** EHRLICHE L(ORB)EEREN
(HYMNE AUF DIE EWIGE SCHNÖSELLITERATUR)

37) **6.3.2014:** FRÜHLINGSAHNEN

38) **11.3.2014:** DIGITALES SELBST-BEWUßTSEIN

39) **30.8.2014:** ELLER ELEGIE

40) **21.+22.11.2014:** HOTEL HAUPTSTADT

41) **9.+12.12.2014:** DYSTOPISCHE DEPRESSION
(VON DER NUTZLOSIGKEIT DER LITERATUR)

42) **31.7.2015:** NEUROLOGISCHE DESILLUSIONIERUNG

43) **17.8.2015:** ABGANG

© www.POPLYRIK.de

PLANET DER ADLIGEN AFFEN
(NEUROPOELITISCHER STREICH)

EIGENTLICH hätte ich an dieser stelle
so richtige lust ein radikales gedicht
zu schreiben in dem ich mich selber
in jeder zeile zitiere um nicht auf
inspirationen zu warten während
woanders millionen unschuldige daran
krepieren daß keiner was ändert bevor
das PASSIERT was uns in einem jahr
von der heiligen filmindustrie als
brandneuer nervenkitzel verkauft wird
um von den einnahmen überdimensionale
grabsteine auf überdimensionalen
betonflächen zu bauen mit inschriften
wie dieser die jedem das wasser wie
säure in die geschminkten augen treibt:

*DIE NATUR IST GRAUSAMER ALS
JEDE LITERATUR KEIN WORT KANN
DIE PHYSIK ÄNDERN KEIN TEXT
KANN DEN OZEAN ZÄHMEN*

das herz steht fast für 1 sekunde still
und der zuschauer schluckt und dann
schaltet er schnell auf den pornokanal
um sich von seiner eigenen zukunft nur
1 weitere nacht nur 1 einzige nochmal
abzulenken und blättert im foto-album
mit all den omas, opas, onkeln, tanten,
schwestern, brüdern, kindern, enkeln,
eltern, freunden, halbverwandten alle
tot und nie mehr lebend alle ausradiert
und nie mehr da – die straßen leer die
klingelschilder ausgetauscht die möbel
stehen jetzt in fremden häusern aber
wir: wir hatten glück wir sind die alten
die die noch nicht tot sind die noch leben

die noch denken dichten fühlen schreiben
können wenn sie wollen wenn sie spüren
könnten wie verdammt tief dieser schmerz
uns in der mitte direkt in der SEELE trifft
und einen urschrei in den zellen zeugt der
nie mehr nie nie nie verstummt und nie mehr
irgendeinen präsident beim wort nimmt
denn wir leben auf wir leben auf wir
leben auf dem legendären trunkenen planet
der superadligen doppelplusoberaffen wo
alle oberhäupter sich in ihrem selbst
verstrahlten urlaubsdomizil am garantiert
tsunami-echten whirlpool sonnen und nur
darauf warten daß die massenmedien einen
besseren skandal zur kundenwerbung finden
und der abgrund immer wieder zugeschüttet
werden kann die endlosgrube wird gefüttert
dieser schlund aus billiger vergesslichkeit
im hinterschädel dieses schwarze loch der
dumpfheit trägheit selbstgenügsamkeit die
lieber wartet bis es wieder wieder und wieder
passiert was von der heiligen filmindustrie
schon nächstes jahr als nervenkitzel...
aber wir sind NICHT ohnmächtig wir sind nur
der eigenen hypnose als gefährlichste natur-
gewalt in unseren gehirnen ausgeliefert wir
sind die die retten könnten was zu retten ist
wir sind diejenigen die sogar schlimmeres
vermeiden und vorbeugen könnten wenn wir
diesen schmerz nicht erst im nachhinein im
nachhinein im nach und nach hinein hinein
in unser herz hinein nicht erst im nachhinein
nachlassen lassen sondern JETZT in dem moment
wenn wir die lüge spüren und die lage noch
nicht aussichtslos gesetze ändern weil die
seele vollbewußt die seite wechselt aus dem
totenreich des alltagsfanatismus hin zur
gegenwart der gegenwart der gegenwart der
gegenwart der gegengegen gegenwart und gegen
wart und wart das gegenwort zur gegentat

GRÖßEN(W)AHNSINNIGES GEDICHT
GEGEN DEN INNEREN KRIEG

ich hätte die welt so gern
mit literatur gerettet und
alle probleme der menschheit
mithilfe von poesie überwunden
ich würde so gern an die
macht der gedanken glauben
die sich in buchstaben
wie wellen verbreiten und
ja doch ich wäre SEHR
glücklich wenn all diese großen
geheimnisse all die rätsel und
letzten fragen der existenz
des allmächtigen universums und
unseres schönen planeten darin
endlich gelüftet würden um mich
als natürliches wesen entspannter
dem alltag als ALL-tag zu widmen
und darauf zu bauen daß alle
menschen nur frieden und liebe
benötigen um mit der existenz
wirklich klar zu kommen selbst
wenn es nicht 1 einzigen grund
gäbe WARUM alles da ist und nicht
etwa NICHT sondern die ganze natur
mit ihrem genialen bewußtsein
als selbstbewußtes unendliches
sein tatsächlich im grundlosen
beheimatet wäre so daß man als
mensch wieder lachen dürfte
und urvertrauen mit jedem
atemzug ohne wunder schöpft

ERKLÄRUNGSLOSE

lückenlose zivilisation du
sanfte blase wer hat dich
erfunden und wie lange dauerst
du die luft zum atmen ist
bedingung dich zu lieben
nur noch zwang wo
ist sie: die NATUR! wo
sind die MENSCHEN? hinter
jeder ecke lauert das
NORMALE hinter jeder seele
wartet GOTT wer keinen
passenden beruf ergreift treibt
hoffnungslos von einer sehnsucht
in die andere das letzte
wort hat immer die verwaltung
kirche staat familie status
aber WIR: wir machen alles
besser! wir beginnen
zu kapitulieren um uns in den küssen
zu verlieren in den küssen
die uns niemand im system erklärt

BIPOLARE BEGEGNUNG
PARANORMALER PRÄSIDENTEN

wenn jeder mensch
in ganz genau der dem die das
entgegengesetzten richtung
recht hat und kein wort mehr
aus unendlich teilbaren zeichen
zu bestehen scheint die leere
zwischen allen polen leerer wird
als die veralteten buddhisten ahnen
und die falschen christen wie die hölle
fürchten dann ja dann
dann treffen sich die seelen
in dem gläsernen vergoldungstempel
zwischen ihren braven positionen
wo die welt im tiefsten inneren
zu heilen wäre wenn ja wenn der
hier notierte nerventext
im heiligtum verlesen
würde die der das des menschen
bodenlosigkeit tanzt mit den molekülen
einer LIEBE die viel größer auf beton
geschrieben werden kann als dieses
unteilbare unwort aus der anderen
epoche oder dimension die wir
nur aus den büchern über bücher
kennen die wir nie im leben
ausgelesen haben oder sein ist
die devise die empörung
ist mir sicherer als die empore
der beklatschten hände

GLOT-ZEN
(FUNKLOCHÜBERBRÜCKUNG)

kein gedanke über garnichts denkt
das hirn macht ausnahmsweise feuerpause
wenn im ablauf von ereignissen
nichts weltbewegendes passiert
bleibt trotzdem alles in bewegung
jeder schritt entscheidet sich
aus dem vorausgegangenen
geheimnishorizont wie wolken
die den ganzen himmel hinter sich
zur sonne ziehen bis sie aufersteht
um den verliebten einen blick
ins bodenlos beseelte zu erlauben
das wir muttererde nennen
seit wir mit den großen augen
unsere vereinigung bestaunen
als sei leben doch ein kleines wunder

NEUROPLASTISCHER KITSCH FÜR ASTROMATOFORM EINGEWEIHTE

mein gläsernes herz ist
ein unendlicher wasserfall
aus der rauschenden leere
empor sprudelnd in einem atemzug
bis zum moleküllosen ozean treibend
mein kosmisches herz ist
ein schwerelos glitzernder strom
von den natürlichen anfängen der welt
zu den noch unausgelebten
wahrscheinlichkeiten mein still stehendes
nervenkostüm aus edelsteingleichem silizium
ist ein galaktisches flußbett
quer durch die erdmitte
in nicht mehr ganz andere dimensionen
meine geballten gefühle verlaufen sich
zeitlos wie uralte quarzadern in dir
die du zu tief und zu echt bist
um meine liebe bei nur einem einzigen ewigen
namen der grenzenlosen materie zu nennen
mein herz schlägt als wahrheitsorgan
an den zahllosen seiten der riesigen körper
mit denen wir bei uns zuhause sind
weil unsere noch größeren seelen
in dieser selbstverständlichkeit baden
bis die geheimen drahtzieher
der unliterarischen katastrophen
das seltsame weltmärchen zerstäuben

BEWUßTSEINSDUSCHE OHNE WASSER

die sonne scheint weiter
als schöner traum das ist
aber schon alles was
vom menschlichen sinn für wahrheit
übrig blieb überall nur politiker
spekulanten und werbestrategen
die welt der beamten kennt keine
ausnahme mein konto ist wieder voll
um mich ruhig zu halten
mein name ist mit einem punkt versehen
das ist kein versehen sondern methode
im heimlichen dritten weltkrieg
arbeitet sich jeder zu
tode und stellt keine fragen
das glauben an irgendwas
findet immer genügend anhänger
ich entkomme dem seelenfänger
mit jedem freien gedanken
mein ganz privates bewußtsein
kennt keinerlei schranken
präsidenten stehen unter hypnose
kein papst unter freiwilligem hausarrest
bald werden verbrechen mit noblen preisen
geadelt damit auch die jurymitglieder
ihre familien ernähren KÖNNEN
KOMMT VON KIND UND KUNST
VON LIEBE oh jawohl jawohl jawohl
ihr kleinkarierten seelendiebe

DAS PARADOXON DER INFORMATION
(ABSOLUT AUTHENTISCHES ANTIMETAGEDICHT)

DIESES
gedicht
kann leider
nichts ändern
weder zum wohle
der allgemeinheit
noch nützt es meinem
privatbefinden es steht
unter permanenter beobachtung
vonseiten der poesielosen parteileichen
und benötigt dafür nur ein BIßCHEN speicherplatz
auf einem gigantischen server um dich überhaupt zu
erreichen deine kostbaren sekunden echtzeit um schnell
quergelesen zu werden desweiteren hat das gedicht keine
funktion außer den autor als doppelt und dreifach un-
gläubigen zu ENTBLÖßEN denn erstens hat er es
wieder getan und zweitens auch noch publiziert
aber der dritte und gröbste fehler besteht
in der frechheit das ganze hier sogar zu
dokumentieren während es jetzt vor den
augen des lesers erst live geschieht
aber keiner konnte es stoppen wer
rettet die literatur vor solch
einem virus und warum hat
niemand versucht mich an
diesem verbrechen zu
hindern ich bin der au-
tor man hätte mich
als allerersten
informieren
und warnen
MÜSSEN

ELEKTRISCHER ÜBERFLUSS
(VOLLSTRÄCKUNGSANKÜNDIGUNG)

achtung: dieses gedicht dürftest du jetzt
eigentlich gar nicht erst lesen denn
es existiert nur im geiste des dichters
in dessen blickfeld die sonne so plötzlich
durchbrach obwohl herbst angekündigt wurde
daß sein geheiligtes sprachzentrum vor
lauter begeisterung über das schöne wetter
aus weit entfernt drohenden wolken den
hier vorgetragenen zeichencode in einem
hellsichtigen rausch entziffern konnte
als wäre er ein schamane und visionär
dessen verbotene botschaft für mindestens
ein ganzes jahrhundert geheim gehalten
werden sollte um kein weiteres poesie-
spektakel im mobiltelefon zu generieren
mit dem dein verbliebener arbeitsspeicher
restlos überfordert ist und darum alle
anderen sms ultimatief irreversibelut
überschreibt dersönliche digitalopie
niemurde atastro verwah stellal ichami
wiräftigt siürokrand wererge ieman
olympikei masketzen uftüraunen
wirndere stimolzmer konkreteril
schaachtu unsrei anrei glei
zanie wiräpf sungenbind
ezrechntdeck uscheins
tafirg äglimament
enfineu versunn

ENTROPISCHE EUTOPIE
(KRITIK DER STAUBTROCKENEN BANALITÄT)

die große zeit der zeitlosen momente ist
die geschichte der geschichte nach der rente
über jedem handgriff in der jugend
lag ein feuchter hauch von ewigkeit
die harten fakten war ich damals leid
noch spüre ich den geist auf meiner zunge
doch atmet schon das andere in meiner lunge
dieses leben in normalen einkaufsbahnen
konnte ich vor jahren nichtmal ahnen nur
die liebe hatte für die seele ein gewicht
jetzt denke ich an dich erst nach der schicht
die dinge haben plötzlich einen namen
und zerfließen nur in ihrem eignen rahmen
die gespräche kreisen nur um das gespräch
denn das erlebte hat ein klares ende
ja die zeit der zeitlosen momente ist
im unsichtbaren lauf der zeit vergangen
niemand fordert tieferes verlangen
du und ich wir haben uns
im netz der welt verfangen

SONNENBAD

vögel zwitschern
autos rauschen
bäume stehen
stumm herum
der himmel blau
mit weißen wölkchen
auf der wiese
maulwurfhügel jogger hunde
eine kindergartengruppe
das normale leben eben
ich dazwischen
auf der parkbank
sitzend fast gedankenlos
mit tausend geistesblitzen

SENSIBILITÄT & SOUVERÄNITÄT

in amerika in afrika in grönland und in singapur
sitzt jemand auf der parkbank wie in eller süd
und weiß daß wir verstreut auf dem planeten
in die ferne schweifen irgendwo im universum
sitzt vielleicht ein furchterregendes geschöpf
und fühlt sich seltsam wie ein elleraner es
genießt das licht von seinen beiden sonnen und
fragt sich ob man an andren ecken des weltganzen
auch verwundert in den himmel starrt ein alien
ist ein lebewesen irgendwo im universum für das
alle anderen intelligenten organismen aliens sind
wir kennen kaum das eigene bewußtsein grade
gut genug um uns die frage auszudenken ob die
physikalischen gesetze überall genauso gelten
wie auf unserem mutterschiff wo autos fahren
schiffe schwimmen und flugzeuge fliegen eine
heideggerische binsenweisheit deren gültigkeit
für fremde galaxien nicht bewiesen ist ich
stelle mir vielleicht zum letzten male solch
unangenehme fragen bald zerrinnt mir alle zeit
unter den limousinenreifen und vergangenes ist
noch viel schneller reine vergangenheit was
gestern war ist morgen schon vorgestern
heute ist nur das sofort gelebte

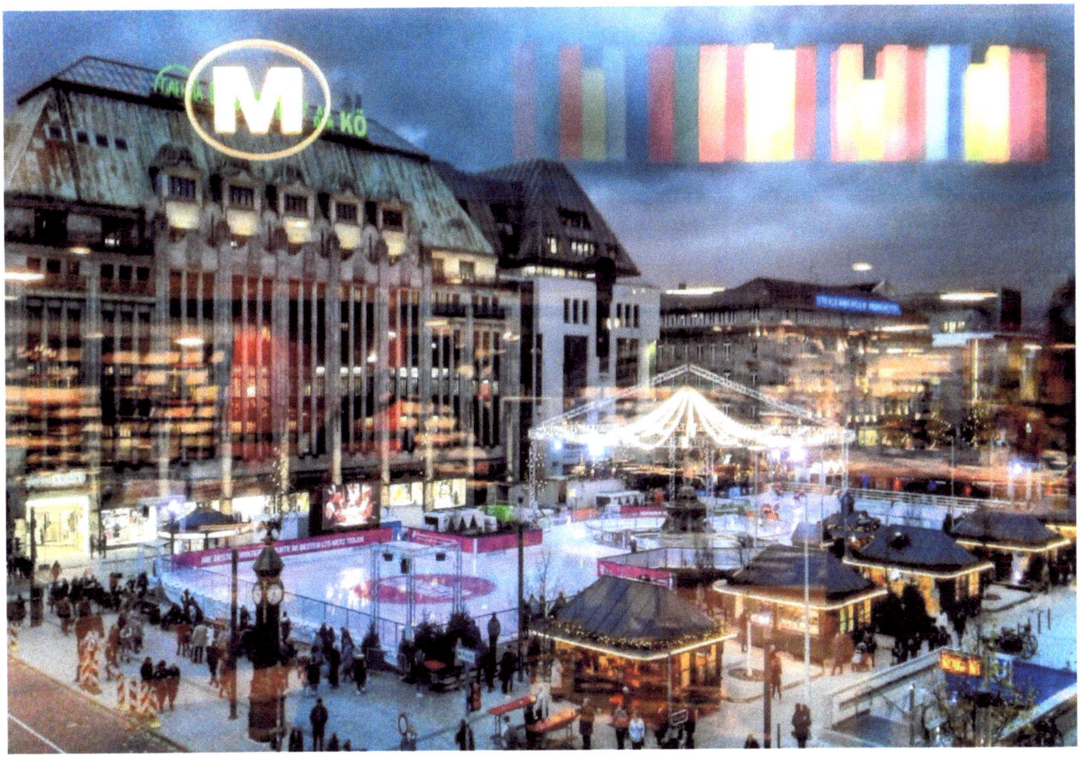

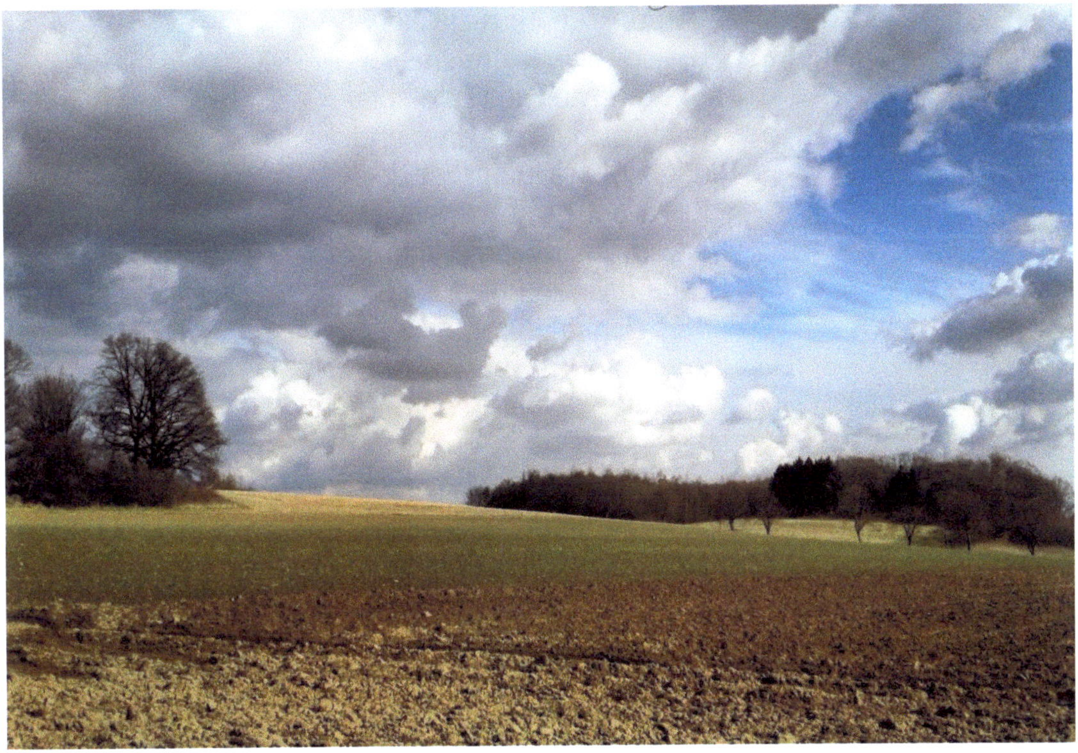

TAXILYRIK: JETZTSTRAßENNETZ

jedes auto schaut
nur noch nach vorne
zum endlosen horizont
und verschlingt ganze
straßenzüge auf seiner route
von a nach xy von unendlich
nach unendlich von einem
nullpunkt zum nächsten
der ganze verkehr spuckt
alle ampeln in diesen abgrund
hinter der letzten kurve
jede straße sagt JETZT
und meint doch schon das
gestrige baustellenchaos der
schlund der vergangenheit tanzt
durch die dunkle nacht wie
ein niagarafall schäumt die
geschwindigkeit in den
lichtpunkten im rückspiegel
die sterne verjüngen sich
auf der erde wie faule äpfel
du stirbst wie du lebst und
du lebst wie du denkst doch
du denkst nicht mehr nach
seit dir das fühlen verboten
wurde das fahren ist leichter
als sich im stillstand zu
spüren der schmerz über
das ständige sterben der
gegenwart ist so groß daß
ich schreien könnte wenn
ich nicht wüßte daß hinter
der kurve die nächste
gegenwart lauert solange
ich atme solange ich sehe
was sich vor meinen augen
bewegt ist das leben ein

kinofilm mit superhelden
aus den eigenen reihen
bis wir verschwinden und
andere nach uns kommen
die wieder verkehr spielen
und dafür sorgen daß kinder
vom aussterben nicht so
bedroht sind wie unsere
seele an sich die wir gut
leugnen können weil sie ja
noch nicht beweisbar ist
wie der gott den es gibt
weil wir in einer bestimmten
region des gehirns an ihn
glauben ich glaube an meine
seele in einem organ das
die wissenschaft noch nicht
kennt dieses organ ist ein
loch in den zellen durch das
die geschwindigkeit aller
gegenwarten hindurchpfeift
als sei hier die windstille
mitte eines geisterorkans
und ich spiele querflöte
auf meinen hohlen knochen
für diese befreite antiseele
ich tanze und jubiliere
und rufe dir zu daß ich
dich LIEBE bis es uns nicht
mehr gibt oh mein schatz
meine liebste meine göttin
oh ja lass uns lieben
solange wir leben der
abgrund pirscht sich
immer schneller von
hinten an uns heran
und er schäumt und
verschlingt uns
je schneller
wir fahren

MONOPOLIZISTEN
(PSYCHOANALYTISCHE DEKONSTRUKTION)

manchmal
wünschte ich uns
beide händchen haltend
an den anfang der geschichte
ganz zurück wo all die narben
nicht mehr jucken die verbitterung
ein ende hat die seele keine wunden
kennt und die verletzte zärtlichkeit
noch so naiv von liebe träumt
als wären wir verspielte kinder
dann durchzucken mich die schmerzen
wie ein albtraum auf der haut der
wahnsinn ist ein selbst geschaufelter
endloser abgrund eine maske
der verzweiflung die das schamerfüllte
antlitz der sadisten in ein nettes
unverfängliches gespräch verwandelt
um die hoffnung in der höflichkeit
zu pflegen die uns auch in der umarmung
vor zu viel des guten schützt die
nähe wird durch angemessene distanz
romantisiert der abstand fantasiert
den anstand das bedürfnis nach totaler
offenheit ertrinkt in einer blumenvase
mit dem etikett symbiose biologisch
abbaubar die halbwertzeit von rosen
ist wahrscheinlich unberechenbarer
als das gottesgen der sehnsucht
tapferkeit ist angesagt in diesen
nächten ohne sinn das sein
trägt seinen namen SEIN
mit würde bis wir
wissen warum es
nicht nicht
ist

VERKEHRS(T)RAUM(A)

du bist die sonne ich
der halbmond du der
strand und ich stadt-
mitte du bist schön
ich bin nur schmerz
du bist der anstand
ich die anstalt du
natur ich technik pur
du bist entspannung
ich der plan du hast
den abstand ich die
arbeit dich verzückt
das meer mich macht
das autofahren noch
verrückt du bist der
hunger ich der durst
du das gedächtnis
ich vergessen wir
sind liebende die
allen gegensätzen
trotzen du kannst
schweigen ich muß
reime runter rotzen
doch das ganze wurde
nicht gespeichert
darum wiederhole ich
mich seit der ersten
zeile aber bin
erleichtert daß
gedichte so viel
leichter als romane
von der hand ins
handy gehen weil
wir uns durch weiche
worte wie durch eine
warme haut verstehen
nur kann keiner außer

uns das kitschige
bedürfnis fassen wer
gedichte formuliert
verliert und kann es
doch nicht lassen
den normalen literat-
urbetrieb versorgen
wir mit tellern
tassen untertassen!

GEH-SELL-SCHAFT
(HOMMAGE AN DIE HINTERMÄNNER)

ein perfektes system
aus bestrafung und lob
von geburt an bis tod
das uns alle beschäftigt
mit kleinen und großen
unlösbaren quizfragen die
sensationsmeldungen folgen
über die liebe die arbeit
und gott aber niemals
den sinn des gesamten
geheult wird nur heimlich
ins kissen gelästert nur
hinter vorgehaltener hand
wenn du krank wirst
droht das gesetz mit
obdachlosigkeit wenn du
andere krank machst
verschenkt es
milliardenboni der
kulturwandel ist ein
sehr schön geredeter
kuhhandel das volk
schuftet weiter
der staat spielt
den reiter die erde
platzt irgendwann auf
eine wunde voll eiter
seitdem der mensch
aufrecht geht wurde
keiner gescheiter wie
geht es jetzt weiter?

KONKRETER TAOISMUß

WOMIT KEINER RECHNET IST DAß DIESES ANGEBLICH
SO SUPERMODERNE GEDICHT IN WIRKLICHKEIT KEIN
HANDGESCHRIEBENER TEXT IST WIE DAMALS ALS KEINE
COMPUTER EXISTIERTEN SONDERN EIN IN DIE MITTE
SEINER SELBST HINEIN STÜRZENDER GEOMETRISCH
PERFEKT AUFGEZEICHNETER KREIS DEN DER DICHTER
ALS SOLCHEN NICHT OHNE WEITERES AUCH NUR
ANNÄHERUNGSWEISE ERKENNEN KANN WEIL ER SICH
ALS SEIN EIGENER LESER UNTER DEM BUCHSTABEN-
MIKROSKOP DERART VERLAUFEN HAT DAß IHM DER
ABSTAND ZUR SPRACHE ALS OBERFLÄCHE DER EIGENT-
LICHEN INFORMATIONSQUELLE NOCH GÄNZLICH FEHLT
UM DAS KREISFÖRMIGE AN DER SCHRIFT REIN FORMAL
ZU BETRACHTEN UND DARÜBER ZU STAUNEN DAß DIE
BEDEUTENDSTE BOTSCHAFT DER WÖRTER NICHT IM
EINZELNEN WORT AUFFINDBAR IST SONDERN ERST WENN
ER SICH GANZ WEIT IM SESSEL ZURÜCKLEHNT UND
DIESES BLATT ALS EIN KÜNSTLERISCH UNERWARTETES
BILD WAHRNIMMT BEVOR SELBST DER LETZTE BUCH-
STABE IM ZENTRUM DES KREISES VERSCHLUCKT WURDE
UND DAS GEDICHT VON ALLEINE ZERKNÜLLT IN DIE
ALTPAPIERTONNE ABWANDERT WO WIRKLICH NIEMAND...

KEIN KELCH

an manchen tagen wirkt das hektisch ernste treiben
auf der straße wie ein honigtraum ein schlechter
film in zeitraffer und zeitlupe zugleich ein
nervenflatterndes ablenkungsmanöver
eine ziemlich billige wahnvorstellung
um mir einzureden daß die
welt so sein müsse weil
wir sonst im chaos
einer neuen
steinzeit
landen
würden
die
fabriken
lassen sich
nicht stoppen
auch die forschung
forscht mit höchstgeschwindigkeit
in allen disziplinen alle menschen bleiben
opfer ihres aberglaubens der die liebe und
das ganze lebensglück in eine nie erreichte
zukunft abschiebt während manche mit den
nötigen methoden davon profitieren daß wir
nach und nach die kraft verlieren unsere geduld
erprobte wahrnehmung verbotener filmrisse
für sehr wahr zu halten anstatt ungelebte
gegenwart traumatisch im jahrzehnt
der neurotechnik zu verwalten

KEIN PLAN

zwar nehmen wir uns wahr
doch weiß keiner was
das eigentlich heißt denn
die objekte im universum
entstammen derselben chemie
ohne ersichtlichen plan
während das eine ich
mit dem anderen fusioniert
treiben die einzelnen zellen
ihr eigenes spiel
kein atom macht sich stark
für ein bestimmtes ziel
sondern tanzt durch die leere
wie einst am ersten tag
ob es noch andere formen
von selbstbewußtsein
im unendlichen geben mag
lässt sich von hier aus
nicht sagen und auch
die größten geister kapitulieren
allerspätestens in ihrem sarg

ELLERITIS
(HOMMAGE AN DDORF)

ich war bislang
weder in Rudis pinte
noch in Rudas studio denn
ich bevorzuge die parks
anstatt der pullen & partys
die grüne achse verläuft
durch mein herz
eine gläserne seele
findet im sternverlag
ihre kosmische ruhe
und grafenberg
liegt in ludenberg
falls einem das dach
der welt auf der kö
auf den kopf fällt wie
die brandneue fette
beuysblöff biografie über
den tollen tartarentrick der
die zeiten nicht überdauert
wie wir die wir uns
ehrlich und ernsthaft
um unsere liebe zu kümmern
haben oder sein ist
keine frage nur buddhas
schweigen ist aus gold
der rest eine billige sage

WELTPROBLEM

weder wurden die tiefsten
fragen bislang gestellt noch
die größten wunder vollbracht
denn die menschheit hat keine
zeit für das abenteuer hinter
der fassade wir sind zu
beschäftigt mit scheiße wie
schade der ringbeschleuniger
interessiert nur genies und
verrückte die gentechnik
implantiert jeden gott als
organischen neurochip und
das raumschiff ist längst
unterwegs aber auf falschem
kurs als ersatz für die
letzten und allerletzten
antworten führen wir kriege
und bauen museen die sterne
begeistern uns aber die leere
dazwischen kann keiner verstehen
warum braucht die natur all die
abertausenden jahre für ein gehirn
mit nur einer einzigen schublade
beschriftet mit ICH quillt das
NICHTS aus ihr raus und ergießt
sich wie lava auf dem blitzblanken
parkett wo die betrunkenen tanzen
ist das spektakel lebensglück
und gefahrlos die welt eine
matrix und holodeck keiner sucht
nach dem übergeordneten zweck
keiner vermisst die probleme
der alten philosophen der neue
metaphysische singsang besteht
nur aus supermarktstrophen
die tiefsten fragen wurden
bislang weder gestellt noch

die größten wunder vollbracht
alles läuft nach routine um
die globale ratlosigkeit zu
vertuschen wer mehr von der
existenz erwartet wird als
anachronistischer spinner
verlacht oder gewinnbringend
umgebracht in der neuen welt
ist kein platz für romantische
luschen hier muß man pfuschen
dann rollt das geld auf der
rückseite rubel und dollar vorn
für die mutanten der einzige
ansporn um sich zu bewegen
während die spinner sich
arbeitslos ins geduldige gras
der künstlichen parks legen

LIEBESERKLÄRUNG AN DAS ECHTE LEBEN

früher saßen wir bei erdnußflips
und guter musik zusammen
tranken rotwein rauchten gras
und fragten uns woher wir stammen
heute schweigen wir dank neurochips
und ducken uns vor mikrodrohnen
sehnsucht steuern wir mit neuen genen
um den geist vor ungeheuern und
zu vielen fragen zu verschonen
was den menschen damals möglich war
erkennen wir in kunst- und modestilen
aus vergangenen epochen auf der flucht
vor tiefen urgefühlen sind sie endlich
sicher ihre avatare sitzen stolz und
steif auf virtuellen drehwurmstühlen
warum wollten wir die seelen nur so
fangen und ins neonlicht einlochen
ist das leben heutzutage wirklich
besser als in ausgestorbenen epochen
meine sinne jedenfalls erzeugen noch
bei echtem tageslicht herzpochen

ELLER ENDZEITEREIGNIS (E³)

venedig lag gestern noch
an der südlichen düssel
das hochwasser drang heimlich
in häuser wie suppe durch
einen riss in der schüssel
die autos ertranken unter
der eisenbahnbrücke die
feuerwehr sperrte für stunden
den ganzen verkehr ja so sehr
wurde der platzregen zum
weltuntergang durch das
verrückte klima die busse
begannen sich wie die würmer
zu winden und mitten auf der
venezianischen wasserstraße
zu wenden ich wollte dir
diese sms von der veränderung
senden man aß endlich die
pizza direkt am strand denn
der ozean kroch über den
straßenrand damit hatte hier
keiner jemals gerechnet aber
jetzt wissen wir für alle
zukunft es ist wirklich wahr
IN DÜSSELDORF ELLER
SCHWIMMEN DIE KELLER
SCHNELLER

MONSTERSONNE

...
die allererste zeile lautete
ursprünglich anders aber kein
einziges bild war wirklich w-
ichtig genug um sich als auftakt
zu einem geniestreich zu bewähren
weshalb das gedicht mit 1 leerzeile
beginnt und dir bis jetzt alle
hoffnungen auf eine aussage raubt
die illusionen der poesie haben
keinerlei macht über die schönheit
der steine und strandgeräusche ich
kann der kulisse nichts sinnvolles
hinzufügen der vorhang fällt vorzeitig
vor meinen augen ins bodenlose die
seele verlernt dadurch das sprechen
endgültig trotzdem folgt mein geist
nicht dem redeverbot sondern verrät
dir die unmöglichkeit dieses sein
zu beschreiben wir reden nur weil
wir reden und tun das miteinander
sehr gerne das letzte wort hat
ein reim und das goldene
schweigen aus der ferne

...

SPIRITUELLER SPAZIERGANG

in diesen sekunden
(in solchen momenten?)
vermisse ich dich
wie NICHTS ANDERES denn
ich lasse mich los
auf die welt die
vor meinen augen und
mit meinen sinnen
PASSIERT
ohne das großartige
ausnahmegefühl
einer wirklich besonderen
begegnung der dritten
jahrtausendwende
das sinnlose leben
im hier und jetzt
hat weder metaphorische
noch metaphysische hände
geschichte wird ganz
genauso wie gegenwart
in einem abwasch
GEMACHT
ohne daß jemand
ernsthaft als letzter
lacht oder leidet
wenn sich das geistige
UND
das heilige nicht mehr
vom puls unterscheidet
Ist Literatur Eine
form von großer liebe
alle autoren fliegen
hoch wie entdecker
und seelendiebe

BEINHARTES GESTÄNDNIS
(DIE NEUE NEUIGKEIT)

keine sprache kann mir wasser reichen
worin sich mein hirn als weltraum wiegt
tja baden im gefühl erlaubt was sonst
im wadenkrampf versiegt ich will nicht
über leichen gehen sondern meine existenz
verstehen die weit mehr verspricht als nur
die freie sicht auf alle sachen die wir
selbstverständlich machen doch hats heute
jede mystik schwer vor lauter marktgeschrei
den kühlen kopf bei dieser seelenhitze zu
bewahren und so zieh ich mich an meinen haaren
aus dem seelensumpf der konservierten stile
denn au wei es sind zu viele und darunter
ganz debile und direkte oder schlimmer noch:
dekonstruktive! die mich künstlich zwingen
wollen dort zu stottern und zu stammeln wo
der freigeist in mir fließend deutsch UND
außerirdisch wie ZWEI muttersprachen spricht
die sprache spricht jaja die sache sacht das
ganze ganzt und – und das wort für mich heißt
ICH genauso wie das wörtchen du für dich...
A N S A G E N : 1. *"Meine Oma ist tot."* (Neue
Sachlichkeit); 2. *"Politiker sind Langweiler."*
(Neue Subjektivität); 3. ***"Gegebenenfalls daß
Lyrik weit mehr ist als nur die ästhetisch
korrekte Aneinanderreihung von Buchstaben mit
irgendeiner Botschaft die auch und sogar die
Verabschiedung von allen Botschaften bein-
haltet, möchte ich jetzt und hier betonen,
daß meine Ansagen UMSONST sind."*** (N.N.)

BRECHT FLÜSTERT BRENTANO
DIESEN DRECKIGEN KINDERREIM
INS RECHTE (ODER LINKE) OHR:
"PASTIOR / PASST / PLÖTZLICH / INS OHR"

aufgewacht ganz ohne lyrik
kopf ist leer wie ottos mops
meine seele ist schon lange
hops! das ist zu schmierig (schwierig)

jedes wort zu prüfen fällt
dem germanisten ziemlich leicht
doch was den alten griechen reicht
hält heute nicht was es verspricht

die formen purzeln durcheinander
vorn wird hinten – hinten vorn
when DID you die? when ARE you born?
die sache wirkt doch sehr vertrackt

ein nahverwandter kennt die dia...
...gnose, keine dialektik
heilt die sehnsucht ohne trick
ein loses wort und schon:
VERKACKT

KLAMMER NICHT !
(HOMMAGE AN HEIßE QU[E/A]LLEN)

die ganze lyrik ist ein krampf /
was bleibt denn übrig außer dampf /
du dichtest ex-pe-ri-men-tell /
läufst über über überschnell /
dann kommt das klassische (urkomische] erwachen /
weil der körper plötzlich schrumpelt /
unbrauchbar romantische sachen /
inhalt hinkt die seele humpelt /
ich ist keiner außer heiner /
heine hein hei he haha /
[HOPP HOPP HOPP HOPP /
DAS HÄSCHEN LÄUFT /
UND LÄUFT GALOPP] /
wir stehen da und wundern uns /
daß petra einen preis bekommt und /
dieter nichtmal dritter wird /
worüber man kein wort verliert /
das publikum hat applaudiert /
verräter werden abserviert /
das kategorische ist impulsiv /
der nächste reim reimt tief auf /
SCHRÄG... STRICH SCHIEF weil freie /
kunst im sand verlief verlief //

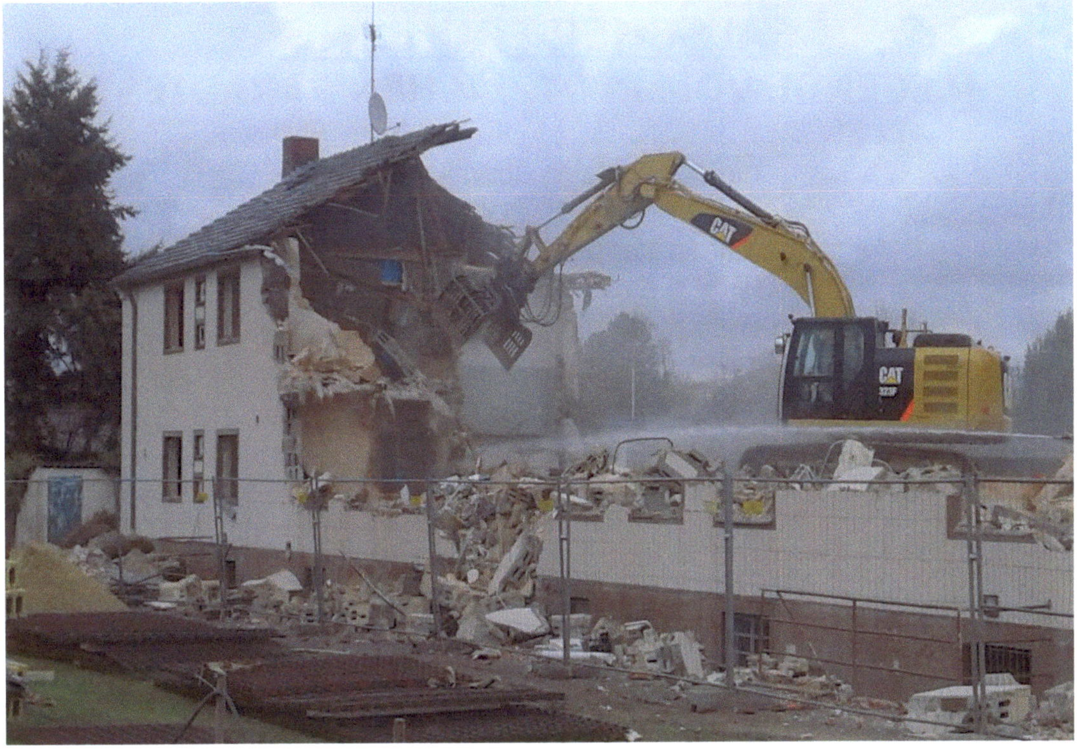
CAT
CAT

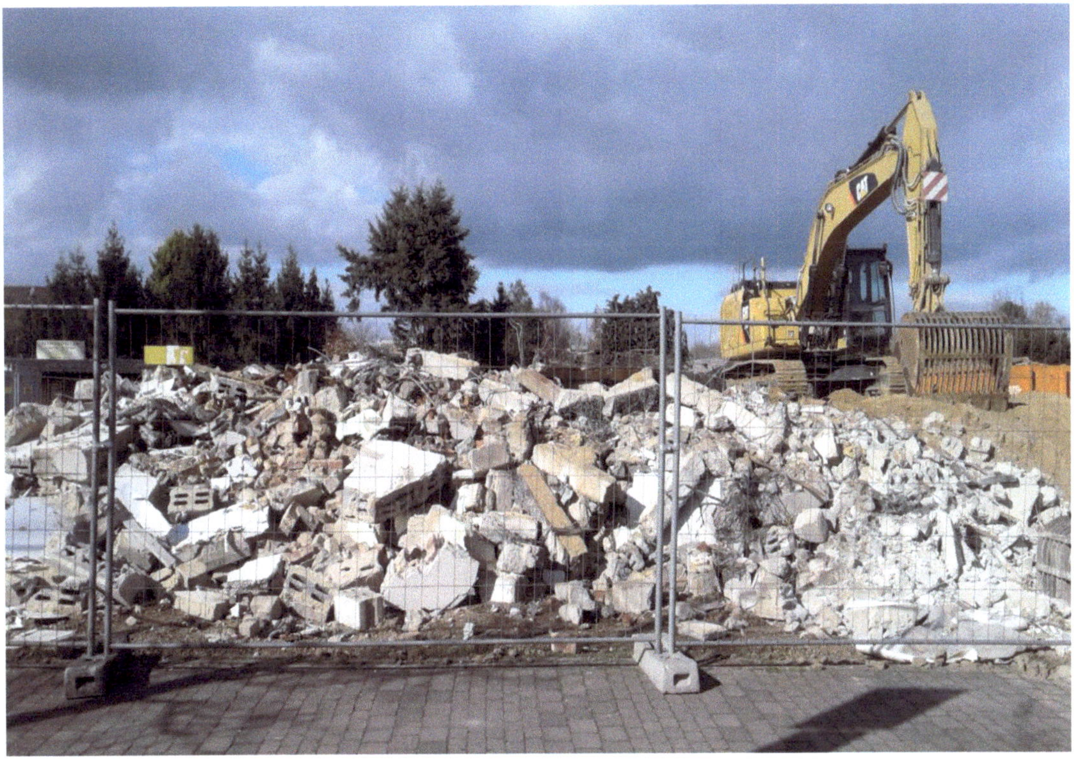
CAT

FALSCHER FRÜHLING
(LEGENDE VOM PLÖTZLICHEN PARADIES)

die tiere spielen überall verrückt
es ist für einen tag nochmal geglückt
der sommer kehrt sehr sommerlich zurück
kein wind die sonne bahnt sich ihren weg
die wolken warten – spätaufsteher sind
entzückt! und reiben sich die augen aus
kein gott erfindet solch ein...
unwahrscheinliches theaterstück
der sommer kehrt sehr sommerlich zurück
die tiere spielen überall verrückt
fünf eichhörnchen
(anscheinend schwindelfrei)
verfolgen sich von baum zu baum
die frage nach dem sinn ist einerlei
fünf papageien
schreien um die wette doch ich
seh die grünen federn kaum
am horizont zieht die gewitterfront
ganz knapp vorbei an der idylle
etwas wind die sonne bahnt sich ihren
weg durch die galaktisch leere fülle
auf dem morschen steg sitzt ein grau-
reiher ach das reimt sich auf au weia
rette sich wer kann vor deutscher
dichtung enten quaken gänse schnattern
nachrichten verkünden hinrichtung
gedanken rattern ohne mündung
bis zur überlichtgeschwindigkeit
dann macht sich die erkenntnis breit
an einem montag ist nie sonntag
und an sonntagen scheint keine sonne
ich beweise leise wort für wort
den tod der lyrik als selbstmord
denn niemand stellt die großen fragen
an montagen die sich sonntag nennen
unter meinen fingernägeln brennen nur

die nagelbetten neuronaler datenbahnen
niemand kann die lyrik retten
ohne das gehirn als gott zu ahnen
in der postpoetischen idylle
fehlt nur eins: die friedhofsstille.
dafür gibts ne andre pille

BEKANNTE BEGEISTERN BEKANNTE...
(WER AKTUALISIERT ZULETZT WEN?)

Es gibt Autoren!
Worte und Sinn!
Schwer zugängliche!
Schublade!
Reflektierter Raum!
Schnell Lesen!
Komme plötzlich!
Ähnlichkeit zum Nichts!
Jahrhunderte!
Mehr denn je!
Anerkannt!
Auch jenseits!
Sprachwege!
Hintergrund denkt!
Freunde frühmorgens!
Amsel aufgetaucht!
Bedeutungszusammenhang!
Krähenschreie!
Sonne!
Mein Gesicht!
Noch radikaler!
Vorlaut Kuhhaut!
Aristoteles!
Toter Höhepunkt!
In Szene gesetzt!
Problemlos kommen!
Lustvoll zelebriert!
Format fortgesetzt!

FRIS-UR-POESIE

es geht um nichts!
um wunschzustände!
unnütze worte!
sachertorte!
änderungsschneidereien!
rückbesinnung!
auf lügen als moderner wahn!
ich bin poetisiert.
was jetzt?

ARBEITSTEILUNG

wenn ich die vögel beim
autofahren zwitschern höre
kommen mir die tränen denn ihr
zwitschern nimmt kein ende und
begleitet mich seit kindestagen
wenn beim autofahren durch
die altstadt unsichtbare vögel
zwitschern wird die kindheit
in den tränen wach
der stau löst sich
nach einer zigarette doch
das ende von ereignisketten
ist nicht abzusehen und
der vollmond treibt die sonne
in den untergang nach westen
nur das meer rauscht heute
anders als gewohnt
aus einer kirmesbude
es ist feierabend auf der
nördlichen planetenhälfte
unsere geschwister auf der
gegenseite sind erwacht
wir geben uns die klinke
in die hand doch liegen
alle in gedanken heimlich
irgendwo am strand
in einem fernen land
der seele singt das herz
aus voller kehle:
DIE NATUR IST FREI!
DER MENSCH EIN TEIL DES GANZEN!
DARUM SCHAU DIE STERNE!
WIE SIE SORGLOS TANZEN!

HYMNE AUF DIE BÜROKRATIE

Politiker!
Euch fehlt die verrücktheit der künstler!
Präsidenten!
Euch fehlt die weisheit der zenmeister!
Politiker!
Euch fehlt die sehnsucht der kinder!
Präsidenten!
Euch fehlt der wahnsinn der freigeister!
Politiker!
Euch fehlt der gesunde menschenverstand!
Präsidenten!
Euch fehlt die intuition für das volk!
Politiker!
Euch fehlt der fundierte sachverstand!
Präsidenten!
Euch fehlt das ehrliche interesse am bürger!
Politiker!
Euch fehlt das gefühl dafür, daß euch was fehlt!
Präsidenten!
Euch fehlt das bedürfnis nach bedürfnislosigkeit!
Polizisten!
Euch fehlen die haftbefehle für präsidenten und politiker!
Pragmatiker!
Euch fehlt die vision!
Euch fehlt die fantasie!
Euch fehlt die radikalität!
Euch fehlt die normalität des nichtalltäglichen!
Polizisten!
Nehmt die politiker fest!
Präsidenten!
Stürzt euch selber vom thron!
Pragmatiker!
Ändert die grundgesetze, um künstler und kinder ins parlament zu wählen!

DÜSSELDORFER ELEGIE

dieses gedicht richtet sich
weder an selbstmörder noch sublimationskünstler
es dient nicht der verdrängung
vertuschung verharmlosung von tatsachen
in ihm passiert keine ablenkung vom eigentlichen
die literatur hat hier nicht mehr das ziel
auf einem poetisierten niveau zu unterhalten
die unterhaltung ist hiermit zuende
das ende der poesie kennt keine grenzen
die realität sieht dramatischer aus
als der radikalste text
das jahrtausend der religionen ist überstanden
der historische wahn der epochen museumsreif
die symbole der freizeitkulturen anachronistisch
das herz schlägt nicht mehr für eine große sache
sondern nur WEIL ES SCHLÄGT
das gehirn neuroniert nicht mit abstraktionen
sondern nur alternativen und
alternativen sind ausverkauft
die produktion wurde eingestellt
die fabriken gesprengt
auf den kratern wachsen gänseblümchen
niemand pflückt blumen
die vasen bleiben leer
rote rosen verwelken an ihrem natürlichen ort
und die menschen verschwinden
nachdem sie geboren wurden
mal früher mal später
mal durch einen unglücklichen umstand
einen dummen zufall oder
erst wenn sie alt und gebrechlich sind aber
verschwinden tun sie alle nachdem sie
ein paar überflüssige worte wechselten
einige echtzeitereignisse miterfanden
das ein oder andere schicksal erlitten
und sich nicht fragten
WOZU DAS DENN GUT SEI

warum es die wirklichkeit gibt und
weshalb wir noch immer
das halbe leben verschlafen
die andere hälfte verträumen und
hoffen im jenseitigen licht aufzuwachen
während DIE SONNE SCHEINT und
die dinge beleuchtet
die wir hinundher bewegen
solange die lebenszeit reicht
die bewegung ist trivialisiert
eine echte bewegung braucht eine idee
eine idee braucht fanatiker
die daran glauben
ICH GLAUBE NICHT MEHR SONDERN ICH SPÜRE
das dasein
in seiner banalsten geheimnislosigkeit
und empfinde die kostbaren sekunden
der anwesenheit als exakt das was sie sind
nämlich ANWESENHEIT
ohne verschnörkelung ohne zusatzstoffe
die dinge sind dinge das ganze das ganze
ich sitze ich liege ich laufe ich stehe
ich tue ein paar wenige dinge
danach tue ich andere dinge und dann
schaue ich menschen zu wie sie
aus meinen dingen ihre dinge erschaffen
aus denen ich wiederum meine schaffe
die ganze erschaffung von lebenswelt
aus dem geiste der großen gebärden
und in dieser welt halten wir uns
einige zeit über wasser
wir halten uns auf
wo die hände schon selbstgebaute und
selbstgewählte haltegriffe ergreifen und
halten uns aus
wenn wir die hände schütteln und
denken nicht nach
über die tagtägliche langeweile
das leben der abenteuerlosen
zwangsläufigkeit aller abläufe

in die alles irgendwie mit verwickelt ist
ohne sich selber darüber bewußt zu sein
daß alles IST und nicht anders kann
als so SELBST zu sein wie alles andere
mag es mineral oder mensch heißen
atom oder automobil pelikan oder plastik
metall oder maulwurf gebüsch oder gebäude
die dinge sind allesamt an dem platz
wo sie hingehören sie hören einander zu
wie sie atmen rauschen knirschen
knacken rascheln zischen brummen flattern
was wenn jedes ding erkennen würde
daß es IST und
nicht aus seiner haut entweichen kann
der fels empfände plötzlich sein gewicht
und wie die brandung ihn umspült und
müßte dort am strand verharren
weil er keine beine hat
der strauch wird sich der dornen bewußt
und wie der wind die äste wiegt und
stände da inmitten der prärie und
wüßte nicht warum das universum sowas braucht
der ganze blaue erdenball treibt
durch die kalte schwarze leere um die sonne
und die sonne hätte ein gefühl für ihr verglühen
der planet ein selbstbewußtsein für
die atmosphäre
alles würde sich beim namen nennen
und bestätigen ES IST DAS SEIENDE
das unfassbare ganze das
um sich bescheid weiß

PROFILNEUROTISCHE POESIE
(ÜBER DEN AUSGEPRÄGTEN STIL)

die veröffentlichung dieses gedichtes
sagt noch nichts über die bedeutung
des autors oder des gedichtes selbst
dessen wortschatz sich beim verleger
erfolgreich anbiedern konnte so daß
du meine geschätzte leserin hier und
jetzt meine meinung über das weltganze
erfahren kannst was dich natürlich
sehr glücklich macht denn du liebst
nicht nur die lyrik an sich sondern
erstrecht das gefühl an dieser zweit-
schönsten sache der welt wirklich aus
erster hand teilhaben zu können indem
du das vorliegende gedicht liest und
dann deinem freund davon erzählst
weil dich die position die ich als
autor darin vertrete von ganzem
herzen überzeugt wie nichts anderes
auf der welt die wir hier nochmal
erwähnen um deutlich zu machen daß
es sich um weltlyrik vom feinsten
handeln muss insofern wir das feine
wie feinstaub in wörtern vermuten
die dank einiger zeilenumbrüche
wie lyrik aussehen obwohl wir noch
nicht ganz verstehen warum es fast
reimlos verbluten soll aber die
last der verantwortung liegt
selbstredend beim dichter als
einzigen täter und scharlatan
dessen literarischer wahn in
der letzten zeile mit einem
gewaltigen knall zu fall
gebracht wird und seitdem
in der staubigen ecke des
alten bücherregals kauert

und jedem harmlosen leser
mit irrem blick auflauert
denn es erträgt diese
zweidimensionale stille
der gedruckten einsamkeit
nur wenn es von zeit zu
zeit von einem leser
beachtet wird BITTE
LIEBKOS MICH UND
LASS MICH NOCH
EINMAL IN DEINEN
GEDULDIGEN SCHOß
DENN DIE WELT
WIRD IN DEINEN
WARMEN ARMEN
ERST WIRKLICH
SO GROß DAß
SICH MEINE
IDENTITÄT
ALS GE-
DICHT
VER-
RÄT

EHRLICHE L(ORB)EEREN
(HYMNE AUF DIE EWIGE SCHNÖSELLITERATUR)

Das allzu aufgeregte aufzählen
von absichtlich einmaligen einzelheiten.
Das demagogische drumherumreden
in selbsterfundenen urbildern.
Das prätenziöse beschreiben
von allzu persönlichen wahrheiten
als großangelegte geheimnisse.
Das symbolisieren der wirklichkeit
anhand aller möglichen mogelmetaphern.
Das unbemerkte aufspringen auf alle
parallel zu den ozeanen verlaufenden gleise.
Der abwesende zug als illusion einer bewegung.
Der wiederholte sprung in die vertuschte leere.
Das heimliche ignorieren der feuchtigkeit.
Die übersensible sehnsucht nach
weißem sand und wellenrauschen.
Das unglaubliche berühmtwerden durch
anbiederung beim einfachen bürger.
Das noch unglaublichere ausruhen
beim komplizierten bildungsbürger.
Die sensation des angeblichen
im gewand der neuartigkeit.
Die neue artigkeit.
Wir sind literatur.
Wir werden nobelpreis.
Wir waren.

FRÜHLINGSAHNEN

die sonne scheint es ist
zu schön um krieg zu führen
ich beneide alle tiere
die nicht fragen ob
es einen grund für das
vorhandensein des universums gibt
den dichter braucht man nicht
mehr seit die bürger selber reime
schmieden wie weltmeister und sich
gegenseitig stolz belohnen geld
fließt überall wo freiheit nur
ein nettes wort die sonne
scheint es ist zu schön
um krieg zu führen

DIGITALES SELBST-BEWUßTSEIN

die welt ist wieder früh
dachte er beim anblick der
durch den nebel sich
bahnbrechenden sonne
und simste den satz
seiner woanders erwachten
geliebten mit dem entschluss
diesen gedanken im glasfaserfeuer
zersetzen zu lassen ohne
ihn in einem gedicht
festzuhalten das sowieso nur
aus willkürlichen zeilenumbrüchen
besteht die die welt nicht
verändern sondern den sinn
seiner sms flatrate
aufs neue bestätigen

ELLER ELEGIE

was sind das heute für seltsame zeiten
du kannst überall mitmachen aber
passieren tut eigentlich nichts
alle sind irgendwie organisiert
oder auch absichtlich nicht
jeder verdient irgendwie geld
oder auch unabsichtlich nicht
irgendwo fliegen bomben die ganze nacht
irgendwo schreit ein baby zum ersten mal
und wird von der mutter gestreichelt
irgendwas wird genau jetzt entdeckt oder erfunden
und irgendein tier stirbt gerade für immer aus
irgendwer schreibt heimlich
den neuen jahrhundertroman
jemand anders liest bücher
die keiner mehr kennt
in new york geht ein mann über die straße
in moskau versteckt sich ein anderer
einer sitzt auf dem klo
einer sitzt im casino
die welt tanzt im rhythmus der sterne
wir denken an uns
aus der ferne
was sind das für seltsame zeiten
die unsere seelen nicht weiten
ich möchte nach hause
zu dir
mir ist kalt

HOTEL HAUPTSTADT

düsseldorf du depression
in meinen müden alten augen
deine straßen sind so bunt wie leer
wenn ich mit allen sinnen frage
was macht mir das leben schwer
denk ich an die berliner tage
die ekstase ist lang her
in düsseldorf wird stolz gebaut
wie in berlin vor vielen jahren
doch in mir wird eine stimme laut
die will mich vor dem lärm bewahren
seele nennt sich diese stimme
seele und nicht sachverstand
ich blicke auf zum blauen himmel
was läuft falsch in diesem großen land
die menschen schuften für die firma
menschenleer ist es im park
das firmament kennt keine grenzen
und die sonne mittendrin verbrennt
das universum ist ihr goldner sarg
ach düsseldorf du depression
was ist der mühe letzter lohn
das echte leben hat mich eingeholt
ich bin im geiste seltsam umgepolt
die menschen sind mir sehr suspekt
im innern hab ich längst
schon ausgecheckt

DYSTOPISCHE DEPRESSION
(VON DER NUTZLOSIGKEIT DER LITERATUR)

was macht der mensch hier den ganzen tag lang
er sitzt und er steht und er läuft herum und
er wartet tagtäglich auf feierabende um
irgendwo anders herum zu sitzen vor monitoren
mit tausend sendungen auf hundert kanälen
hört er die ewig gleichen meldungen
ewig gut gelaunter showmaster die
den neuesten krieg ganz genau erklären und
das neueste produkt zur sensation verklären
ja sogar EIN ECHTES BUCH wird dort angepriesen
mit ganz wunderbar trivialen texten
die uns köstlich amüsieren
bestsellerromane und blockbusterfilme
versorgen die masse mit unterhaltungswerten
die gesellschaft zelebriert ihre totale
geselligkeit alles wird gnadenlos zur
ablenkung von tieferen fragen missbraucht
hier wird produziert
dort wird konsumiert
nichts wird mehr reflektiert
alles findet aus selbstzweck statt
literatur ist prinzipiell unpolitisch
gedichte sind doof oder richtig schön

NEUROLOGISCHE DESILLUSIONIERUNG

ich habe vergessen warum man gedichte schreibt
ich habe vergessen wozu man gedichte schreibt
ich habe vergessen warum und wozu und
wie man gedichte schreibt ich habe verlernt
wie sich gedichte von selber schreiben
ich frage mich andauernd was soll man denn
schreiben was soll man schreiben was soll
man schreiben was soll man schreiben
ich sehe die welt und ich sehe die menschen
ich sehe die sterne und die natur alles ist da
alles existiert alles hat einen namen und
alles verschwindet die liebe die sehnsucht
die hoffnung und gott jede blume die blüht
jedes baby das schreit jeder soldat der verteidigt
jeder präsident der betrügt jedes volk das
verzweifelt jede tierart die ausstirbt
jedes essen das sättigt jede sportart die spaß
macht das ganze leben das ganze universum das
ganze sein ist nur vorläufig vorhanden ist nur
in dieser sekunde in diesem einzigartigen augenblick
jedes problem erledigt sich irgendwann ganz von
selbst es verschwindet und hinterlässt keine spur
jeder mensch der jetzt jammert wird irgendwann
nie wieder jammern und jeder mensch der
keine sorgen hat wird irgendwann nie wieder
keine sorgen haben ich rede hier nicht vom normalen
tod der sowieso irgendwann kommt sondern davon daß
auch der tod irgendwann nicht mehr kommt weil
einfach gar nichts mehr kommt wenn alles verschwindet
wenn alles weg ist wenn die unendlichkeit
in ihre eigene leere zurückkehrt das ganze
treiben im hauptbahnhof das ganze treiben
über die weltmeere die partys und die parolen
die ängste der hass und der neid die gefahren und
alle gedanken alle gedanken sind nur gedanken über
gedanken über gedanken was soll ich schreiben was
soll ich schreiben was soll ich schreiben was

soll ich schreiben wenn wörter nur wörter sind
wie rosinen rosinen galaxien galaxien und
kaulquappen kaulquappen gedichte sind nur noch
gedichte das göttliche badet nicht mehr in buchstaben
der sprachschaum besteht nur aus hörbarer luft
alle geister sind angestellte der werbung

ABGANG

mit diesem gedicht hier endet mein ganzes werk
es ist das allerletzte gedicht überhaupt
ich habe alles nötige längst gesagt ohne
den zustand der welt beeinflussen zu können
die hoffnung der literatur war ein schöner traum
von der befreiung der menschheit von ihren lügen
aber die poesie hat keine macht über die
zwangsneurosen der alltäglichkeit kein gedicht
hat den stillen wahnsinn beendet kein gedicht
konnte das leid verhindern das völlig unnötige
leid auf diesem planet durch glaubenssysteme und
andere illusionen vielleicht wären billigreime
erfolgreicher gewesen vielleicht auch romane
und alle möglichen reden was kann man von
zeitgenössischer lyrik erwarten was soll man von
literatur überhaupt erwarten ein falsches wort
zur falschen zeit im falschen land und schon
gehörst du zum club der toten dichter die posthum
für ihren mut mit preisen überschüttet werden